Meerküche

Birgit Deckena

Ole West

TIDENHUB VERLAG NORDERNEY

Inhaltsverzeichnis

Loup de mer mit Olivenkruste und Traumsauce

4 Wolfsbarschfilets p.P. ca.180 g
für die Olivenkruste je eine dicke Scheibe Aubergine und Zucchini
2 Thymianzweige
1 Rosmarinzweig
3 Stengel Petersilie
2 Knoblauchzehen
50 g Oliven schwarz oder grün
1 Eigelb
50 g frisch geriebenes trockenes Brötchen
Pfeffer/Salz
1 Esslöffel gutes Olivenöl
1 Esslöffel Zitronensaft

Traumsauce
75 g fein gewürfelte Zwiebeln
2 gewürfelte Knoblauchzehen
1 Esslöffel Olivenöl
2 Gewürznelken
2 Wacholderbeeren
400 ml Wermut (Noilly Prat)
400 ml trockener Sekt
500 ml Fischfond
400 ml Sahne
Salz/Pfeffer
etwas Limettensaft

Für die Olivenkruste Auberginen und Zucchini sehr fein würfeln, leicht salzen und in Olivenöl kross anbraten.
Aus der Pfanne nehmen und auf Küchenkrepp abkühlen lassen.

Die Kräuter waschen, trocknen und fein hacken.

Den Knoblauch schälen und fein hacken.
Die Butter unter geringer Hitze in der Pfanne schaumig rühren. Kräuter, Knoblauch und feingehackte Oliven vorsichtig untermischen, zuletzt Eigelb und geriebenes Brötchen unterrühren. Mit Salz/Pfeffer und Zitronensaft abschmecken.
Beiseite stellen.

Bitte mit der Sauce bei diesem Rezept beginnen. Dauert etwas.
Zwiebeln und Knoblauch in Olivenöl anschwitzen. Nelken, Wacholder und Lorbeer hinzufügen. Mit Noilly Prat und Sekt ablöschen und auf ca. 100 ml einkochen. Fischfond zugeben und stark reduzieren. Mit der Sahne auffüllen, aufkochen lassen und mit Salz/Pfeffer abschmecken.
Mit dem Pürierstab pürieren und mit Limettensaft abschmecken.

Die Fischfilets mit Salz/Pfeffer und Zitronensaft würzen, von beiden Seiten kurz in der Pfanne anbraten.
Dann mit der Oliven-Kräutermasse bestreichen und den Fisch bei starker Oberhitze ca. 6–7 Minuten überbacken.

Abends
bei den
Oliven
2008

Paella

ca. 800 ml Fischfond
1 Glas Weißwein
4 rohe Scampies 8/12er ohne Kopf und Schale
1 kg Miesmuscheln
1 mittelgroße Zwiebel
2 Knoblauchzehen
250 g Tintenfischringe
3–4 Esslöffel gutes Olivenöl
1 Lorbeerblatt
400 g Paella-Reis
1 g Safranfäden in 250 g Gemüsebrühe aufgelöst
1 Teelöffel Kurkuma
250 g Tomatenwürfel
100 g Erbsen
Salz/Pfeffer
1 Esslöffel gehackte Petersilie

In einem Topf 1 Glas Weißwein, 1/8 Fischfond, Lorbeerblatt und Pfefferkörner erhitzen, die Muscheln zufügen und ca. 8 Minuten garen.
Nach dem Garen die noch geschlossenen Muscheln aussortieren und wegwerfen.
Die Muscheln mit dem Sud durch ein Sieb geben (Sud auffangen) und den restlichen Fischfond dazugeben.
Die Muscheln bitte in der Schale lassen, ist sehr schön für die Optik.
Zwiebeln und Knoblauch schälen und beides fein würfeln.
Das Olivenöl in einer Pfanne erhitzen, Garnelen anbraten und beiseite stellen. Tintenfischringe anbraten, Zwiebeln und Knoblauch hinzufügen und kurz mitbraten.
Den Reis zufügen und mit dem Muschel-Fischfond auffüllen, Safranbrühe und Kurkuma unterrühren. Den Reis in dem Fond 10 Minuten bei großer Hitze kochen lassen.
Die Hitze bitte reduzieren und den Reis noch 5 Minuten nachgaren lassen.
Jetzt fügen wir die Garnelen, Tomatenwürfel und Erbsen zu und lassen die Paella noch ruhig 5 Minuten leicht köcheln.
Mit Salz und frisch gemahlenem Pfeffer abschmecken, mit frisch gehackter Petersilie bestreuen und servieren.

Heute Abend –
Paella
2008

Thunfisch gegrillt mit Pizzaiola

4 rosa Thunfischsteaks
(beste Sushi Qualität)
gutes Olivenöl
Salz/Pfeffer frisch gemahlen

Für die Pizzaiola:
800 g reife aromatische Strauchtomaten
4 Knoblauchzehen (fein gehackt)
200 g Zwiebeln gewürfelt
1/2 Esslöffel frisch gehackter Oregano
1 Esslöffel frisch gehacktes Basilikum
6 große grüne Oliven (fein gehackt)
5 gehackte Kapernäpfel
Salz
gutes Olivenöl
frisch gemahlener Pfeffer

Knoblauchzehen und Zwiebeln schälen und fein würfeln.
2 Esslöffel Olivenöl in einem Topf erhitzen und beides gold anschwitzen.
Die Tomaten fein gewürfelt hinzufügen und ca. 10 Minuten köcheln lassen.
Kapern und Oliven fein hacken und zu den Tomaten geben.
Diese frische Tomatensauce gut salzen und pfeffern. Zum Schluß Oregano und Basilikum fein gehackt zugeben und warm stellen.
Die Thunfischfilets unter kaltem Wasser abspülen, mit der Küchenrolle trocknen und mit Olivenöl bestreichen. Den Fisch mit frisch gemahlenem Pfeffer und Salz würzen und auf dem vorgeheizten Grill von jeder Seite ca. 1 1/2 Minuten grillen oder in der Pfanne mit etwas Olivenöl braten. (Wer den Fisch gut gebraten mag, etwas länger)
Als ideale Beilage bieten sich Spaghetti an.

Wann können wir essen?
2008

Wolfsbarsch aus dem Ofen

4 mittelgroße Wolfsbarsch
2 rote Paprika
3 Schalotten
3 Tomaten
1 Knoblauchzehe, geschält
1 Handvoll gehackte Petersilie
gutes Olivenöl
3 Esslöffel Weißwein
1 Esslöffel Majoran
Salz und Pfeffer

Für die Semmelbröselkruste:
120 g Zwiebeln
eine unbehandelte Zitrone
50 g Butter
25 g Semmelbrösel
1 Esslöffel gehackte Petersilie

Bitte den Fisch vorbereiten wie bei dem Doradenrezept.
Den Wolfsbarsch auf beiden Seiten kreuzweise einschneiden, damit er gleichmäßig durchgaren kann und von innen und außen mit Salz, frisch gemahlenem Pfeffer und Majoran kräftig würzen.
Die Schalotten und den Knoblauch schälen und fein würfeln.
Die Tomaten und Paprika waschen und ebenfalls in schöne gleichmäßige Würfel schneiden.
Alle gewürfelten Zutaten mit der Petersilie in eine Schüssel geben und mit dem Öl und Wein gut verrühren, salzen und pfeffern.
Eine ofenfeste Form mit Olivenöl ausstreichen, den Fisch hineinlegen und mit der Gemüsemischung füllen, den Rest auf den Fisch legen.
Die Zwiebeln schälen und wie die Zitrone in Scheiben schneiden.
Die Butter in einem Topf zerlassen und die Semmelbrösel einrühren.
Jetzt werden auf dem Fisch die Zwiebelringe, die Zitronenscheiben und zuletzt die Semmelbrösel verteilt und mit etwas Olivenöl beträufeln.
Bei 200 Grad im vorgeheiztem Ofen ca. 25 Minuten garen.
Dieses Rezept kann man ganz fantasievoll mit allen Gemüsen der Saison und Mittelmeerkräutern abwandeln.

Die Ofenklappe
ging auf....
2008

Kabeljau-Filet mit Kräuterkruste

4 Kabeljaufilets, ca. 700–800 g
1 unbehandelte Zitrone
1 mittelgroße Zwiebel
25 g Kapern
2 Esslöffel Petersilie
1 kleine Gewürzgurke
50 ml Sahne
50 ml Butter
1/4 Liter Gemüsefond

Für die Kräuterkruste:
50 g Semmelbrösel
2 Zweige Petersilie, fein gehackt
1 Thymianzweig
1 Teelöffel Rosmarinnadeln
1 Knoblauchzehe
1 Prise Salz
2 Esslöffel bestes Olivenöl

Bitte den Ofen auf 200 Grad Oberhitze vorheizen.
Alle Zutaten für die Kräuterkruste bis auf das Öl in einem Mixer zerkleinern, dabei das Öl nach und nach zugießen.
Die Kabeljaufilets in einer Pfanne von jeder Seite ca. 3–4 Minuten anbraten, mit Salz/Pfeffer und etwas Zitronensaft würzen.
Die Kräutermischung auf den Filets verteilen und in einer ofenfesten Form beiseite stellen.
Die Zwiebeln schälen, würfeln und ca. 10 Minuten in einem Topf mit etwas Wasser köcheln und abtropfen lassen.
Die Gemüsebrühe aufkochen, Gewürzgurke fein würfeln und zufügen.
Die Kapern, fein gehackte Petersilie und Zwiebeln untermischen, mit der Sahne aufgießen und die Butter unterschlagen.
Jetzt den Fisch in dem vorgeheizten Ofen ca. 5 Minuten überbacken.
Die Fischfilets auf einem vorgewärmten Teller hübsch anrichten, mit der Sauce umgießen und mit Petersilienkartoffeln servieren.

Kabeljaunacht
D. Wen
2008

Schellfisch-Röllchen mit Schnittlauch-Spinatsauce

4 Scheiben Schellfisch, ca. 150 g p. P. ohne Mittelgräte
1 Bund Schnittlauch
1 Bund Kresse
200 g Blattspinat, frisch oder tiefgefroren
500 ml Fischfond
250 ml Sahne
30 g Butter zum Braten
30 g kalte Butter
100 g geräucherter, gewürfelter Speck
4 Zweige Thymian

Die Fischfilets unter kaltem Wasser abspülen, mit Küchenkrepp trockentupfen und mit Salz und Pfeffer würzen.
Den Schellfisch aufrollen und mit Küchengarn zu Medaillons zusammenbinden.
Die Kräuter und den Spinat waschen, abtropfen lassen und grob zerkleinern.
In einem Topf den Fischfond mit der Sahne zum Kochen bringen und solange köcheln lassen bis die Hälfte der Flüssigkeit übrig ist.
Die Flüssigkeit mit der Kräuter-Spinatmischung in einem Mixer pürieren und einkochen lassen, bis die Sauce schön sämig ist.
Mit Salz und frisch gemahlenem Pfeffer abschmecken.
Die Fisch-Medaillons in einer Pfanne mit Butter vorsichtig von jeder Seite ca. 4 Minuten braten.
Den Speck fein würfeln und in einer kleinen Pfanne ohne Fett knusprig braten.
Die Kräutersauce kurz vor dem Servieren mit der Butter aufmixen.
Den Schellfisch mit der Schnittlauch-Spinatsauce auf vorgewärmten Tellern anrichten, mit den Speckwürfeln und Thymian-Blättchen bestreuen und servieren.
Als Beilage empfehlen wir klassische Salzkartoffeln.

Bei Schnittlauch..
O. Wolf
2008

Hamburger Pannfisch

1 kg Seelachsfilet, gerne auch verschiedene wie Rotbarsch oder Kabeljaufilet
1 kg gegarte Pellkartoffeln in Scheiben
1 mittelgroße gewürfelte Zwiebel für die Bratkartoffeln
1 mittelgroße gewürfelte Zwiebel für die Soße
2 Esslöffel Butter
2 Esslöffel Margarine
500 ml Geflügelfond
200 ml Sahne
2 Esslöffel Creme fraiche
1 Glas Weißwein
100 g ger. gewürfelter Bauch
3 Esslöffel Senf, mittelscharf
Pfeffer/Salz

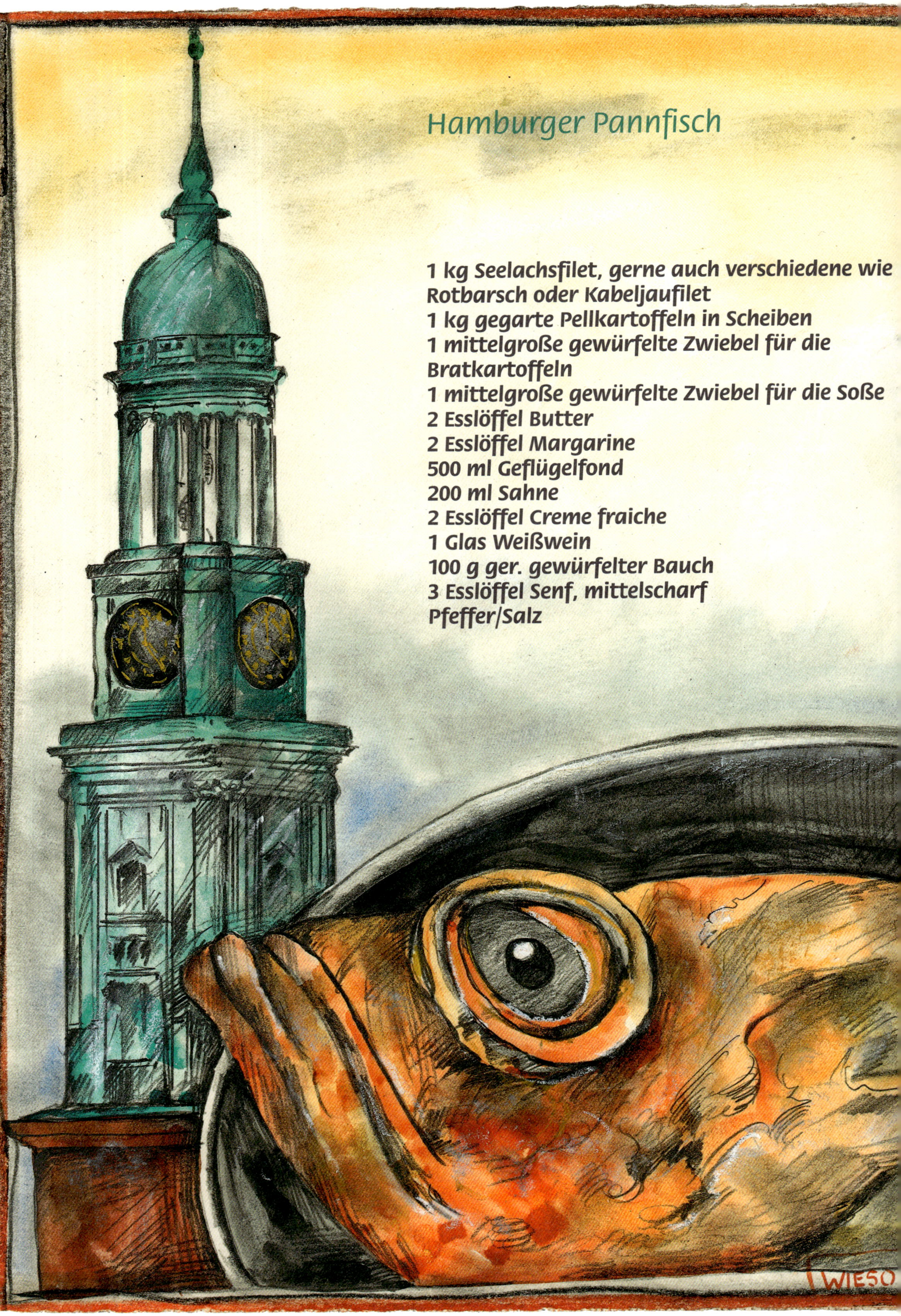

n einer Pfanne die Margarine erhitzen. Gew. Zwiebeln, Speck und die
epellten Kartoffelscheiben dazugeben und anbraten.
ei mittlerer Hitze die Bratkartoffeln goldbraun fertig braten und warm
tellen.
ür die Senfsoße in einem Topf Butter zerlassen und die fein gewürfelte
wiebel in der heißen Butter glasig dünsten.
lit Weißwein ablöschen und fast komplett einkochen lassen.
ann den Geflügelfond, Sahne und Creme fraiche aufgießen, köcheln
ssen und auf 1/3 reduzieren.
ie Soße durch ein feines Sieb geben, den Senf unterrühren und mit Salz
nd frisch gemahlenem Pfeffer würzig abschmecken.

en Seelachs in kleine Stücke schneiden, mit Salz und Pfeffer würzen und
n einer Pfanne mit zerlassener Butter goldgelb braten.
uf einem vorgewärmten Teller die Fischfilets mit der
enfsauce und den Bratkartoffeln anrichten.
uten Appetit

Fischtopf aus der Provence

1 Liter Fischfond
ca. 800 g bis 1 kg Fischfilets von Seeteufel, Knurrhahn Wolfsbarsch, Garnelen ohne Schale
12 Miesmuscheln
1 mittelgroße Zwiebel, geschält und gewürfelt
1 Fenchelknolle, geschält und in Streifen geschnitten
1 Stange Lauch, geputzt und in Scheiben geschnitten
150 g frische Champignons, gewaschen und in Streifen
150 g Kartoffelwürfel
200 g Dosentomaten
1 große Möhre, geschält und in Scheiben geschnitten
1 Streifen unbehandelte Orangenschale
1 Teelöffel Fenchelkraut
1 Zweig frischer Thymian
1/2 Teelöffel Safranfäden
2 Lorbeerblätter
2 Esslöffel bestes Olivenöl
1 Esslöffel Pernod
200 ml Weißwein(franz)
1/2 Chilischote ohne Kerne

Das Olivenöl in einem großen hohen Topf erhitzen. Zwiebeln, Kartoffeln, Lauch, Möhren, Sellerie, Fenchel und Knoblauch darin ca. 5 Minuten anschwitzen.
Das Gemüse etwas salzen/pfeffern, Orangenschale, Tomaten, Chili, Safranfäden, Fenchelkraut, den Thymianzweig und die Lorbeerblätter zugeben und mit dem Fischfond aufgießen.
Ca. 10 Minuten köcheln lassen.
In einem Extra-Topf die gewürfelten Fischfilets, Garnelen, Muscheln und Champignons in etwas heißem Olivenöl ca. 4–5 Minuten anschwitzen lassen.
Salzen/pfeffern und mit dem Weißwein ablöschen. Die Fischfilets und Champignons in den großen Gemüsetopf vorsichtig unterheben, Pernod hinzugeben, mit frisch gemahlenem Pfeffer und Salz abschmecken und in vorgewärmten tiefen Suppentellern mit etwas Baguette und wer mag Knoblauch-Mayonnaise servieren.

FRUITS DE MER
Bon appétit!
2008

Binnen und Buten (Land und Meer)

12 Jacobsmuschelfleisch
12/2 Scheiben Norderneyer Meersalzschinken
4 Rinderfilet-Steaks, ca. 180 g p.P.

Für die Sauce Bearnaise:
150 ml Weißwein
3 fein gehackte Schalotten
1 Esslöffel Kerbel
1 Esslöffel Estragon
4 Esslöffel Weißweinessig
3 Eigelb
Salz/weißer Pfeffer
250 g Butter, zerlassen
1 Esslöffel Zitronensaft
Chayenne-Pfeffer

Für die Sauce Bearnaise in einem Topf den Weißwein mit den Schalotten, dem Essig, dem Kerbel sowie dem Estragon aufkochen und auf ca. 2 Esslöffel Flüssigkeit reduzieren.
Anschließend den Sud durch ein feines Sieb gießen.
Die Eigelbe in einer Edelstahlschüssel verquirlen, den reduzierten Sud unterrühren und alles mit Salz und Pfeffer würzen.
Die Schüssel auf ein heißes Wasserbad (nicht kochend) setzen und die Eigelbmischung mit den Schneebesen cremig rühren.
Anschließend das Eigelb weiterschlagen bis der Schaum sehr hell und fein ist und jetzt die flüssige Butter Löffel für Löffel dazugeben und vollständig unterrühren. Zuletzt die gehackten Kräuter untermischen und die Bearnaise mit Zitronensaft, Chayenne-Pfeffer, Salz/Pfeffer pikant abschmecken.
Die Sauce vom Wasserbad nehmen.
Die Jacobsmuscheln salzen/pfeffern und mit einem schmalen Streifen Norderneyer Meersalzschinken umwickeln.
Jeweils 3 Stück auf einem Flaggenspieß spießen.
Die Filetsteaks mit groben Pfeffer und Salz würzen und in heißem Olivenöl in der Pfanne von jeder Seite ca. 4 Minuten braten.
Parallel dazu die Spieße mit den Jacobsmuscheln ca. 2 Minuten pro Seite mitbraten.
Binnen und Buten zusammen mit der Sauce Bearnaise auf einem Teller anrichten. Dazu passt super ein frischer Salat und warmes Baguette und natürlich ein Glas gut gekühlter Weißwein.

Draußen ist auch schön, ne?
2008

Gebratene Seezunge auf lauwarmen Kartoffelsalat

4 Seezungen
1 kg festkochende junge Kartoffeln
100 g Zwiebeln, fein gewürfelt
30 g Zucker
3 Esslöffel frische gehackte Petersilie, Dill, Schnittlauch Basilikum, Kerbel oder Kräutermischung tk
60 ml bestes kaltgepresstes Olivenöl
Saft von 2 reifen Zitronen
50 g Butter zum Braten
Pfeffer, Salz, Mehl

Die gekochten Pellkartoffeln pellen und in feine Scheiben schneiden.
Für das Dressing die gewürfelten Zwiebeln, Pfeffer, Salz und Zucker mit dem Zitronensaft und Olivenöl anrühren.
Die frisch gewaschenen Kräuter trocken schleudern und fein gehackt hinzufügen.
Das Dressing über die noch warmen Pellkartoffeln geben, vorsichtig unterheben und nochmals mit Pfeffer und Salz abschmecken.

Die frischen Seezungen auf ein Küchenbrett legen und an beiden Seiten mit einer Küchenschere den Flossensaum ganz dicht am Fleisch entlang abschneiden.
Die Haut am Schwanzende mit einem scharfen Messer quer einschneiden und mit der Messerspitze so weit ablösen, das sie gut zu fassen ist.
Die Finger der einen Hand in etwas Salz tauchen und die Schwanzspitze damit festhalten.
Mit einen Küchentuch in der anderen Hand die abgelöste Haut greifen und mit einem kräftigen Ruck über die gesamte Länge abziehen.
Die andere Seite auf die gleiche Seite häuten (oder kaufen Sie die Seezungen küchenfertig, geht auch).
Die Seezungen von beiden Seiten mit Pfeffer und Salz würzen und in Mehl wenden.
In einer Pfanne die Butter vorsichtig erhitzen und den Fisch 4–5 Minuten von jeder Seite bei mittlerer Hitze braten, bis er eine goldgelbe Farbe angenommen hat.
Den Fisch mit dem lauwarmen Kartoffelsalat auf einem Teller anrichten, eventuell Zitronenscheiben hinzufügen, mit etwas Petersilie bestreuen und fertig.
Guten Appetit.

In der Kuche von…
O. West
2008

Lemongrassuppe mit Kokos und Garnelen

4 große Garnelen
6 Stengel Zitronengras
2 Kafir Limettenblätter (oft nur tk erhältich)
80 g Zwiebeln
100 g Lauch
50 g Butter
400 ml Kokosmilch
100 ml Weißwein
50 ml Wermut (Noilly Prat)
40 ml weißer Portwein
1/4 Liter Geflügelfond
250 g Sahne
1 Esslöffel mildes Currypulver
Salz/Pfeffer

Das Zitronengras und die Limettenblätter abwaschen, die Zwiebeln schälen und grob würfeln, den Lauch gründlich waschen und in Stücke schneiden.
Die Zitronengrasstengel auch in Stücke schneiden.
Die Hälfte der Butter in einem Topf zerlassen und die Zwiebeln, das Ztironengras, die Limettenblätter sowie den Lauch darin hell anschwitzen.
Mit Weißwein, Wermut und Portwein ablöschen und etwas einkochen lassen.
Jetzt den Geflügelfond, die Kokosmilch und die Sahne aufgießen und alles 10 Minuten köcheln lassen.
Die restliche Butter in einer Pfanne zerlassen und das Currypulver darin 2 Minuten anschwitzen. Die Curry-Butter Mischung in die Suppe rühren und diese mit dem Pürierstab aufmixen und durch ein feines Sieb gießen.
Mit Salz und Pfeffer abschmecken und warm stellen.
Jetzt die Garnelen ohne Schale und entdarmt mit Salz und Pfeffer würzen und in etwas Olivenöl in der Pfanne braten (ca. 3 Minuten pro Seite).
Die Garnelen in die vorgewärmten Suppentassen aufteilen und mit der Suppe auffüllen – guten Appetit.

...also asiatisch...
2008

Baby-Steinbutt Palermo mit Spaghetti aglio et Olio

1 großer Steinbutt, ca. 2 kg, küchenfertig
300 ml Geflügelfond
300 ml trockenen Weißwein
1 Stange Lauch, geputzt und fein geschnitten
1 handvoll schwarze Oliven, ohne Kern
2 Knoblauchzehen, geschält und geschnitten
250 g Kirschtomaten
1 Karotte in Scheiben
3 Thymianzweige
1/2 Zwiebel in Würfeln
Salz/ Pfeffer
2 Esslöffel kaltgepresstes Olivenöl
500 g Spaghetti
2 grüne Peperoni
3 Esslöffel Olivenöl
2 Knoblauchzehen in Scheiben
Pfeffer/Salz

Den Ofen auf ca. 200 Grad vorheizen.
Von dem Steinbutt den Kopf und den Flossensaum abschneiden, die Innereien entfernen, kalt abspülen und abtrocknen.
In einem großem Bräter 2 Esslöffel Olivenöl erhitzen und Zwiebeln, Knoblauch, Lauch und Möhren kurz anschmoren.
Die Kirschtomaten halbieren und zusammen mit den Oliven in den Bräter geben.
Das komplette Gemüse salzen und pfeffern und ca. 5 Minuten schmoren lassen.
Jetzt den Weißwein, den Geflügelfond und die Thymianzweige hinzugeben.
Den ganzen Steinbutt salzen/pfeffern und in den Bräter mit dem Gemüse und dem Fond hineinlegen.
Im Ofen ca. 25–30 Minuten garen.
Inzwischen die Spaghettis mit Biss garen und anschließend in einer Pfanne mit dem Olivenöl, Streifen von grüner Peperoni und Knoblauchscheiben schwenken.
Mit Pfeffer und Salz abschmecken.
Das Ganze auf einen vorgewärmten Teller servieren.

Wün ist auf? - Gut..
2008

Seezunge geht fremd

4 große Seezungen, fertig geputzt und abgezogen
400 g Kirschtomaten
2 kleine Zwiebeln
300 g kleine Steinpilze
Mehl
50 g Butter
je 1 Esslöffel gehackter Knoblauch, Basilikum und Thymian
Saft von einer halben Zitrone
3–4 Esslöffel Olivenöl

Das Olivenöl in der Pfanne erhitzen. Die Kirschtomaten darin anbraten, salzen/pfeffern, Basilikum und Thymian zufügen und beiseite stellen.
Die Steinpilze säubern und in Spalten schneiden.
Die kleinen Zwiebeln schälen und in Ringe schneiden.
Die Seezungen mit Salz, frisch gemahlenem Pfeffer und Zitronensaft würzen, dann den Fisch in Mehl wenden und in einer ofenfesten Pfanne in Olivenöl auf beiden Seiten anbraten.
Die Butter mit in die Pfanne geben, die Steinpilze und den Knoblauch zufügen und das ganze in dem vorgeheiztem Backofen bei 180 Grad unter ständigen begießen mit der Butter etwa 5 Minuten garen.
Die Seezungen wenden, die Zwiebelscheiben und Kirschtomaten zufügen und weitere 5 Minuten im Ofen garen.
Als Beilage eignen sich Bandnudeln oder Salzkartoffeln.

Wo ist SIE hin ... ?
2008

Geräucherte Scholle mit Balsamico-Linsensalat

Für den Balsamico-Linsensalat brauchen wir:
100 g grüne Linsen (De Puy Linsen)
3 Esslöffel fein gewürfeltes Suppengemüse
1 mittelgroße Zwiebel, fein gewürfelt
1 Esslöffel ger. gewürfelter Bauch
1/2 Teelöffel Tomatenmark
3 Esslöffel Portwein
200 ml Geflügelfond
1/2 Teelöffel Senf
2 Esslöffel guten Aceto Balsamico
2 Esslöffel gutes Olivenöl
1 Teelöffel Butter
1 Lorbeerblatt
1 Zweig Thymian
Pfeffer/Salz

Wie räuchert man zuhause einen Fisch??
Räuchern im Wok:
Umwickeln Sie den Gittereinsatz des Woks gut mit Alufolie und stechen Sie mit einer Gabel die Folie mehrfach ein.
Den Wok ebenfalls mit Alufolie auslegen und Räuchermehl (Buche), Lorbeerblätter, Wacholderbeeren und Pfefferkörner hineinlegen.
Jetzt das Gitter mit den Schollenfilets einsetzen und auf die angeschaltete Herdplatte stellen, ca. 15–20 Minuten räuchern.

In einem Topf die Butter zerlassen, das fein gewürfelte Suppengemüse, Zwiebelwürfel und Speckwürfel gold anbraten.
Das Tomatenmark hinzufügen und mit dem Portwein ablöschen.
Das Lorbeerblatt und Thymianzweig hinzufügen, mit dem Geflügelfond aufgießen und die Linsen dazugeben.
Jetzt darf das Ganze ca. 30–35 Minuten leicht köcheln, so dass die Linsen noch etwas Biss haben.
Das Linsengemüse mit Senf, Balsamico-Essig, Salz und frisch gemahlenem Pfeffer abschmecken.
Kurz vor dem Anrichten das Olivenöl hinzufügen.
Der Balsamico-Linsensalat schmeckt am besten lauwarm zu dem geräuchertem Fisch.

O. West 2008
Wie geräuchert!

Thunfisch-Steak mit gratinierten Curry-Joghurt-Kartoffeln und Koriander

4 x rosa-Thunfischsteaks, ca. 180 g p.P. in Sushi-Qualität
Saft von einer Zitrone
Salz und frisch gemahlenen Pfeffer
1 handvoll abgezupfte Basilikumblätter, fein gehackt
1 kleine Knoblauchzehe
1 kleine getrocknete rote Chili-Schote
2 Esslöffel gutes Olivenöl
1 kg kleine festkochende Kartoffeln
1 handvoll abgezupfte Korianderblätter fein gehackt
300 ml Natur-Joghurt
200 ml Geflügelfond
1 Esslöffel mildes Currypulver
3–4 cm Stück Ingwerwurzel
80 g Butter
50 g geriebenes Weißbrot

Den Ofen auf 210 Grad vorheizen. Die Kartoffeln schälen, waschen und in eine ofenfeste Form geben; die Kartoffeln müssen dicht aneinander liegen. Mit dem Geflügelfond übergießen und ca. 20 Min. im Ofen garen, gelegentlich wenden.
Joghurt mit Curry und dem feingehacktem Koriander verrühren und die Ingwerwurzel schälen, fein reiben und dazu geben.
Die Kartoffeln mit dem Joghurtgemisch übergießen und weitere 15 Minuten im Ofen backen.
Zum Schluss das geriebene Weißbrot darüberstreuen, die Butter in Flocken auf die Kartoffeln legen und mit starker Oberhitze gratinieren.
Das feingehackte Basilikum, Knoblauch und Chili mit dem Zitronensaft vermengen und mit Salz und Pfeffer würzen.
Die Thunfisch-Steaks auf beiden Seiten salzen und pfeffern, anschließend mit der Kräutermischung einreiben.
Etwas Olivenöl in der Pfanne stark erhitzen und die Steaks von beiden Seiten scharf jeweils 1 Minute anbraten, der Fisch darf im Kern gerne roh sein.
Etwas grüner Salat oder getrocknete Tomaten eignen sich hervorragend als leckere Beilage.

Im Thunfischzimmer...
2008

Dorade mit Rosmarin und Knoblauch

4 mittlere Doraden
4 Zweige Rosmarin
4 Zweige Thymian
1 unbehandelte Zitrone
4 Esslöffel Olivenöl
Pfeffer und Salz
2 Knoblauchzehen, geschält und in Scheiben geschnitten

Fisch vorbereiten:
Die Dorade mit einem Tuch an der Schwanzspitze festhalten, Flossen und Kiemen mit einer Schere abschneiden und mit einem scharfen Messer in Richtung Kopf entschuppen.
Die Bauchhöhle aufschneiden und die Eingeweide entnehmen.
Den Fisch unter fließendem kalten Wasser gründlich ausspülen – vor allem die Bauchhöhle.
Jetzt werden die Doraden auf beiden Seiten 4–5 Mal schräg eingeschnitten.

Eine ofenfeste Form mit Olivenöl ausstreichen.
Die Doraden von innen und außen mit Salz und frisch gemahlenem Pfeffer würzen und jeweils mit einem Zweig Rosmarin, Thymian, einer Scheibe Zitrone und Knoblauchscheiben füllen.
Außerdem wird der Fisch von außen mit einem Esslöffel Olivenöl bestrichen.
Die Doraden im vorgeheiztem Ofen bei 200 Grad ca. 25 Minuten garen.
Schmeckt gut mit Spaghetti Aglio & Olio und Salat.

So denn...
2008

Sellerie-Rahm Süppchen
mit Trüffelöl und frischen Nordseekrabben

1 großen Kopf Sellerie
100 g Butter
1 Liter Geflügelfond
200 ml Sahne
Salz/Pfeffer
glatte Petersilie
200 g frische Nordsee-krabben
Trüffelöl

Den Sellerie schälen und in Würfel schneiden.
In einem Topf bei wenig Hitze die Butter zergehen lassen und die Selleriewürfel darin anschwitzen.
Mit dem Geflügelfond aufgießen und den Sellerie darin ca. 15 Minuten köcheln lassen.
Die Sahne hinzufügen und mit einem Pürierstab zu einer cremigen Suppe pürieren.
Die Suppe mit Salz und Pfeffer abschmecken, ein paar Tropfen Trüffelöl dazugeben (Vorsicht – nicht zu viel, sehr geschmacksintensiv).
Nordseekrabben auf die Teller verteilen und mit der Sellerie-Rahm Suppe auffüllen.

NOR 8
Heute gibt es....
2008

Piccata vom Seeteufel auf Kohlrabi-Kartoffelragout

12 kleine Medaillons vom Seeteufel
gutes Olivenöl

Für den Piccatateig:
2 Eier
100 g Parmesan
100 g Mehl
100 g Wasser
1 Prise Salz

Kohlrabi-Kartoffelragout
Für das Ragout:
2 Köpfe Kohlrabi mit etwas Grün
500 g Kartoffeln
1 Teelöffel Salz
1 Esslöffel Mehl
50 ml Sahne
frisch geriebener Muskat
Pfeffer und frische Petersilie

Mehl in eine Schüssel geben, 2 Eier, das Wasser und den frisch geriebenen Parmesan hinzufügen.
Mit einem Schneebesen zu einem glatten Teig rühren und mit einer Prise Salz abschmecken.
Die Seeteufelmedaillons ohne Knochen und Haut unter kaltem Wasser abspülen und mit einer Küchenrolle abtrocknen.
Nach Geschmack mit Salz und Pfeffer würzen und beiseite legen.

Den Ofen auf 200 Grad vorheizen
Kohlrabi und Kartoffeln schälen und stifteln. Das Gemüse mit Wasser bedecken, einen Teelöffel Salz hinzufügen und ca. 15 Minuten köcheln lassen.
Mehl in etwas kaltem Wasser einrühren und damit das Gemüse-Kartoffelragout etwas andicken.
Mit Sahne und Muskat, etwas weißem Pfeffer und frisch gehackter Petersilie abschmecken.
Den Topf jetzt warmstellen.
In einer Pfanne ca. 6–8 Esslöffel Olivenöl erhitzen, die Seeteufel-Medaillons in dem Ausbackteig wenden und direkt in das heiße Olivenöl geben.
Den Fisch von jeder Seite ca. 2 Minuten in dem heißem Öl backen und dann für ca. 10 Minuten in den vorgeheizten Ofen schieben.
Das Piccata vom Seeteufel mit dem Kohlrabi-Kartoffelragout auf einem Teller anrichten, mit frisch gehackter Petersilie garnieren und servieren.

Herr Kapitän da vorne...
O. Wert
2008

Feine Bandnudeln in Tomaten-Steinpilzsauce mit gebr. Scampies

12 – 16 Scampies 8/12 ohne Schale, ohne Kopf, entdarmt
1,2 kg ital. Eiertomaten aus der Dose
1 handvoll frische Basilikumblätter
2 handvoll Thymian
2 Teelöffel getr. Oregano
1 Esslöffel Rotweinessig
1 kleine getrocknete Schilischote, zerbröselt
2 große Knoblauchzehen, kleingehackt
2 Esslöffel Creme fraiche
30 g trockene Steinpilze, beste Qualität
kaltgepresstes Olivenöl
Salz und frisch gemahlener Pfeffer
500 g Bandnudeln
etwas frisch geriebener Parmesan

1 feingehackte Knoblauchzehe in 2 Esslöffel Olivenöl anbraten.
Chili, Oregano und Tomaten hinzufügen und 10 Minuten leicht köcheln lassen.
Mit den Pürierstab die Tomaten zu einer sämigen Sauce pürieren.
Die Steinpilze in einer kleinen Schüssel mit ca. 150 ml kochendem Wasser übergießen und zum Einweichen beiseite stellen (ca. 10 Min.).
Eine weitere feingehackte Knoblauchzehe in einem Esslöffel Olivenöl und einer handvoll Thymian anbraten und die Steinpilze ohne Flüssigkeit (bitte die Flüssigkeit aufheben) dazugeben.
Die Steinpilz-Flüssigkeit zu 3/4 mit in den Topf geben und unter köcheln reduzieren bis fast nichts mehr übrig ist.
Dann die Tomatensauce dazugeben.
Diese dann mit reichlich frisch gemahlenem Pfeffer und Salz (die Tomaten sind völlig ungewürzt und brauchen reichlich davon) abschmecken.
Jetzt noch die 2 Esslöffel Creme fraiche und zur Krönung die frisch gehackten Kräuter hinzufügen.
Inzwischen die Bandnudeln in reichlich siedenden Salzwasser mit Biss kochen.
Die geschälten Scampies salzen/pfeffern und in 2 Esslöffel Olivenöl scharf anbraten.
Auf einem vorgewärmten Teller die Bandnudeln mit der Steinpilz-Tomatensauce und den gebratenen Scampies anrichten und mit frisch geriebenen Parmesan verfeinern.

Im Watt bü...

Bandnudeln mit jungen Zucchini und Zitrone an Lachssteak

4 frische Lachssteaks

500 g Tagliatelle möglichst frische Pasta
5 El gutes Olivenöl
1 frische Knoblauchzehe, geschält und fein gehackt
10 kleine, sehr feste Zucchini
Saft von einer Zitrone
1 handvoll frische Basilikumblätter
100 g frisch geriebener Parmesan
Salz und frisch gemahlener Pfeffer

Den Backofen auf 160 °C Umluft vorheizen. Die Lachssteaks unter fließendem kalten Wasser abspülen, mit Küchenkrepp trocknen und mit Salz und Pfeffer gut würzen. In einer ofenfesten Form werden die Lachssteaks 20 Minuten gegart.
Die Zucchini in dünne, gleichmäßige Scheiben schneiden. Bitte verwenden Sie nur ganz junge, feste Zucchini.
Das Olivenöl und den Knoblauch ca. 30 Sekunden bei nicht so starker Hitze andünsten. Die Zucchini hinzufügen und vorsichtig schwenken, nach 2–3 Minuten den ausgepressten Zitronensaft darüberträufeln, die Basilikumblätter etwas zerpfücken und außerdem zum Gemüse dazugeben. Schließlich alles noch etwas weiterdünsten.
Inzwischen die Bandnudeln in siedendem Salzwasser mit Biss (al dente) kochen, abgießen und mit den Zucchini vermengen.
Dieses leichte, leckere Pastagericht mit frisch gemahlenem Pfeffer und Salz nach Belieben würzen und eventuell mit ein wenig Olivenöl auflockern.
Den Fisch aus dem Ofen nehmen, mit den Pasta auf einem Teller anrichten und mit frischen Basilikumblättern und Parmesan garniert servieren.

Am Lachsfjord
2008

Gebratenes Seeteufelfilet mit frischem Knoblauch und Fenchel

ca. 800 g Seeteufelfilet
10 Knoblauchzehen
400 g Fenchelknollen
ca. 500 ml Fischfond
10 g Fenchelkraut
50 g Butter
4 Esslöffel Olivenöl
2 Teelöffel Zitronensaft
1 Schnapsglas Pernod
Salz und frischen Pfeffer

Den Ofen auf 200 Grad vorheizen.
Die Knoblauchzehen stifteln und den Fenchel in dünne Scheiben schneiden.
In einem Topf die Hälfte der Butter zergehen lassen und den Fenchel und die Knoblauchstreifen langsam goldbraun werden lassen.
Den Fischfond fast komplett hinzugeben, würzen und ca. 15 Minuten köcheln lassen, bis der Fenchel gar ist.
Das Olivenöl in einer Pfanne erhitzen und die Seeteufelfilets bei mittlerer Hitze unter gelegentlichem Wenden goldgelb braten.
Den Fisch in einer ofenfesten Form im Ofen ca. 10 Minuten fertig braten.
Jetzt das Fenchel/Knoblauchgemüse in die Pfanne heben, in der der Fisch gebraten wurde.
Den restlichen Fischfond, den Zitronensaft, Pernod und das fein gehackte Fenchelkraut ebenfalls in die Pfanne geben.
Die Flüssigkeit rasch einkochen lassen und das Stück Butter anschließend unterrühren, bis sich die Gemüsesauce zu einer sämigen Emulsion verbunden hat. Eventuell etwas abschmecken.
Die Fischfilets aus dem Ofen holen, in schräge dicke Scheiben schneiden und auf die vorgewärmten Teller anrichten.
Die Fischfilets mit der Sauce umgießen – Guten Appetit

...Keine
Angst...
O. Wert
2008

Seafoodtopf mit Chili

800 g gemischte Fischfilets, zum Beispiel Seeteufel, rote Barbe, Garnelen, Tintenfischringe
800 g Miesmuschel in Schale
400 g Dosentomaten
2 Knoblauchzehen
2 frische Chilischoten
1 mittelgroße Zucchini
je 1 Esslöffel Majoran, Basilikum, Petersilie, Fenchelgrün, alles gehackt
4–6 Esslöffel Olivenöl
2 Glas Weißwein

4–6 Esslöffel bestes Olivenöl in einem Topf erhitzen. Den geschälten, geschnittenen Knoblauch und die Chilischoten, fein geschnitten ohne Kerne, mit in den Topf geben.
Die Zucchinis waschen, in feine Streifen schneiden und ebenfalls hinzugeben.
Alles etwas anschwenken und mit dem Weißwein auffüllen.
Jetzt die Tomaten, am besten püriert, hinzugeben und verrühren.
Die Fischfilets und Meeresfrüchte auf das Gemüse geben und auf kleiner Stufe ca. 5 Minuten köcheln lassen, bis sich die Muscheln geöffnet haben.
Die Muscheln, die sich nicht öffnen, unbedingt aussortieren.
Mit Salz und Pfeffer abschmecken und zuletzt die Kräuter untermischen.
In Suppenschalen, gerne mit frischem Baguette, servieren.

Nicht zu scharf bitte...
2008

Gebratene Knurrhahnfilets mit Salbei-Zitronenbutter

Filets von 4 Knurrhähnen
2 Esslöffel Olivenöl
100 g Butter
2 Knoblauchzehen fein gehackt
16 Salbeiblätter
2 Esslöffel frisch gepresster Zitronensaft
Salz/Pfeffer

Die Knurrhahnfilets von beiden Seiten gleichmäßig mit etwas Salz und Pfeffer würzen.
In einer Bratpfanne das Olivenöl erhitzen und die Knurrhahnfilets hineingeben.
Jetzt den Fisch von jeder Seite ca. 2 Minuten goldbraun braten.
Den Fisch warm stellen. In eine saubere Pfanne die Butter hineingeben.
Sobald sie zu zerlaufen beginnt, den fein gehackten Knoblauch und die Salbeiblätter hinzugeben und bei mäßiger Hitze vorsichtig aufschäumen lassen.
Den Zitronensaft dazu gießen, mit Salz und Pfeffer abschmecken und über den Fisch geben.
Mit Salzkartoffeln und grünen Salat servieren.

Alles da...
D. Wem
2008

In Folie gebackene Wolfsbarschfilets

ca. 800 g filetierten Wolfsbarsch
1 Fenchelknolle, sehr fein geschnitten
2 rote Zwiebeln, geschält und in feine Scheiben geschnitten
1 Knoblauchzehe geschält und in feine Scheiben geschnitten
je 1 Esslöffel Petersilie, Basilikum, fein gehackt
4 Lorbeerblätter
1 unbehandelte Zitrone
6-8 Esslöffel bestes Olivenöl
1 Teelöffel Fenchelsamen
Saft von 2 Zitronen
doppelt gelegte Alufolie für die Fischfilets

Bitte den Ofen auf 220 Grad vorheizen.
Die Fischfilets salzen/pfeffern und mit den Fenchelsamen und Kräutern würzen.
Jeweils 2 Fischfilets auf eine Alufolie legen, neben den Fisch ein paar feine Scheiben rote Zwiebeln, fein geschnittene Fenchel und Knoblauchscheiben legen.
Für jedes „Fischpäckchen“ eine Scheibe Zitrone und ein Lorbeerblatt hinzufügen und mit Olivenöl und den Zitronensaft begießen.
Jetzt wird Fisch und Gemüse vorsichtig eingeschlagen und die Ränder doppelt gefalzt, damit von dem kostbaren Fischfond nichts verloren geht.
Nun ab in den Ofen mit den Fischpaketen für ca. 15 Minuten.
Anschließend den Fisch in der Folie ca. 5 Minuten ruhen lassen.
Servieren Sie den Fisch unbedingt in der geschlossenen Folie.
Dazu passen junge Kartoffeln, frischer Salat und gut gekühlter Weißwein.

Wolfsbarschnacht
2008

Birgit und Harald Deckena

Birgit Deckena wurde 1966 auf Norderney geboren. Nach der Schulzeit absolvierte Sie eine Lehre als Drogistin, lernte ihren Mann kennen und sattelte als Fachverkäuferin um.

Harald Deckena wurde 1962 auf Norderney geboren, ging nach der Schulzeit in den elterlichen Betrieb und bestand seine Gesellenprüfung mit Auszeichnung.

Anschließend sammelte er weitere Erfahrungen für ein knappes Jahr in Selingenstadt (Hessen). 1986 folgte die Meisterprüfung und 1991 wurde von Harald und seiner Frau Birgit Deckena die elterliche Metzgerei mit 2 Fleischerfachgeschäften übernommen.

Der eigene Qualitätsanspruch war eine große Sprungfeder. So wurden die hausgemachten Wurstwaren, zu denen neben dem Labskaus natürlich auch der Norderneyer Meersalzschinken gehört, zu echten Leckereien. Auch über die Grenzen Norderneys hinaus.

Die Wurstwaren unterliegen ständigen freiwilligen Qualiätskontrollen und wurden mehrfach ausgezeichnet (u.a. folgte eine Auszeichnung der Zeitschrift „Der Feinschmecker" zu den besten 500 Metzgereien in Deutschland).

Der Norderneyer Meersalzschinken, luftgetrocknete Mettwurst und viele weitere Spezialitäten rund um den gedeckten Tisch werden auch seit 2004 in der eröffneten Wurst- und Schinkenmanufaktur verkauft.

Ole West

Ole West wurde 1953 in Wedel/Holstein bei Hamburg als Sohn des Kunstmalers Gerhard West geboren. Im Alter von 12 Jahren bekam er den ersten Zeichenunterricht beim Wedeler Kunstmaler Albert-Ludwig Glaser.

1975 – 1979 studierte er an der Fachhochschule für Gestaltung in Hamburg, Fachrichtung Kinder- und Jugendbuchillustration sowie Malerei bei den Professoren S. Oelke und M. Grossmann und beendete sein Studium mit dem Abschluss als Dipl.-Designer. Danach entstanden verschiedene Entwurfsarbeiten für Hausfassaden, Messestände, Großgrafiken, Film-, Prospekt- und Schriftmalerei, unter anderem für das Studio Hamburg des NDR und das Ernst-Deutsch-Theater.

Ole West arbeitet seit 1982 als freier Maler und Zeichner. Er lebt seit 1984 auf der Nordseeinsel Norderney, wo er seine Arbeitsschwerpunkte auf Radierungen, Öl- und Aquarellmalerei sowie Mischtechniken legt. Hier gründete er auch 1985 seine Malschule für Erwachsene, die er bis 1990 leitete.

Seit 1990 wurden von ihm limitierte Originalausgaben verschiedener Editionen herausgegeben, unter anderem 1991 das Buchprojekt „Niedersächsische Impressionen".

Im Jahre 1990 war Ole West für drei Wochen der Künstler im Projekt „Dorfmaler" in Unterlüß sowie 1992 für drei Wochen Stadtmaler in Bad Bentheim. 1993 nahm er an der Cleveland Drawing Biennale, Middlesborough/GB, teil, gefolgt von Studienreisen unter anderem nach Skandinavien, Schottland, Wales, Cornwall, Frankreich, Italien und in die USA.

Einzelausstellungen in der gesamten BRD und Delfzijl (NL), Groningen (NL), Texel (NL), Ribe (DK), Hølsted (DK), Tondern (DK), ArtExpo New York (USA) und GALERIA New York (USA).

Fernsehportrait des Norddeutschen Rundfunks N3 – Ole West – 45 min 2001.
NDR-Fernsehproduktion mit Ole West im Nordwesten von Irland, Mai 2003. 45 min.
NDR-Fernsehproduktion "Mit dem Strandkorb durch die Normandie", Mai 2004. 45 min.
NDR-Fernsehproduktion "Schottland – von Edinburgh nach Bute" Mai 2005. 30 min.

Bilder von Ole West befinden sich in öffentlichen und privaten Sammlungen des In- und Auslandes, wie z.B. im Trinity House, National Lighthouse Centre in Penzance (GB), im Deutschen Schifffahrtsmuseum, Bremerhaven, und im Museum Aquariom, Delfzijl (NL). Mit einer eigenen Sammlung von Grafiken ist Ole West im Albert-König-Museum, Unterlüß, vertreten.

Ankäufe machten unter anderem das Deutsche Schiffahrtsmuseum Bremerhaven, das Albert-König-Museum, Unterlüß, die Stadt Cuxhaven, der Kunstförderverein Cuxhaven und die Stadt Bentheim.

Der Tidenhub-Verlag wurde von Michael Rohde und Elke West im Jahr 1990 gegründet. Der Verlag veröffentlicht ausschließlich die Arbeiten von Ole West in Form von Kunstdrucken, Postkarten, Büchern und Kalendern.

Herausgeber
Tidenhub Verlag OHG E.West & M.Rohde
Meerküche, B. Deckena und O.West
ISBN 978-3-9811951-2-5
Herstellung AALEXX Druck GmbH
1. Auflage Oktober 2008